10歳からのルールを考える会／編集

# 新・10歳からの
# ルール100

## ①友だち・学校のルール

すずき出版

## はじめに

# ルールって何？

　すもうなら、土ひょうから足が出たら負けというのがルールだし、バレーボールなら、ボールを床に落としちゃダメというのがルールだってことは、みんなも知っているでしょう？ スポーツだけじゃないですね。赤信号ではとまれ、青信号なら進めという交通のルールもあります。そのほか、たくさんの人がいっしょにくらす場面ではさまざまなルールが決まっています。

　ルールでたいせつなことは、みんながなっとくできるものであるということ。だれでも例外なく、平等に守るべきものだからです。なっとくできないときは、どうしてそのルールが決められるようになったのか、よく考えてみましょう。考えてもわからないときは、おとなに聞いてみるといいですね。

　ルールを守るということは、自分を守り、まわりの人を守るということです。交通ルールを守って歩行者が赤信号でとまるのは、車から身を守るためでしょう？ それと同じことです。でも、道路には信号があるけれど、生活の中では、はっきり見える信号のない場合も多いですね。そんなときには、心の中に自分なりの信号（ルール）を持つことがたいせつです。この本を読んで、ルールについて考え、自分の信号を持つようになってくれたらうれしいです。

10歳からのルールを考える会

## 4年1組の仲間たち

| ヒヨリ | アヤノ | ミウ | ユウト | タクミ | リク |

## もくじ

**パート1**
### 友だちのルール

**こんなことしてない?** ……………………… 5
約束してたけど…

**こんなときどうする?** ……………………… 6
ダメっていわなくちゃ…
ありがとうってつたえるよ

**こんなことしてない?** ……………………… 8
こんど返せばいいよね
ジュース代ぐらいなら…

**こんなことしてない?** ……………………… 10
しつこい星人・からかい星人・こそこそ星人・
聞いて聞いて星人

**こんなことしてない?** ……………………… 14
今さらいえないよ
人のせいにしちゃった
仲間だけで帰りたいから…
いたずらしただけなんだけど…
子どもだけで入ってみたら…
顔見ていうの、はずかしいから…

**パート2**
### SNS・メール・インターネットのルール

**こんなときどうする?** ……………………… 21
チェーンメールが届いたら…

**クイズ** メール・メッセージ○×クイズ ……… 22
**こんなメール書いてない?** ………………… 24
**こんなことしてない?** ……………………… 25
つい頭にきて…

**パート3**
### 学校のルール

**こんなときどうする?** ……………………… 27
オレだってサッカー見たいけど…
きっとみんなが持ってくるから…
小さい子って苦手
知らない子だけど…

**もしこんなことをしたら…** ………………… 31
返却日はすぎたけど…

**こんなことしてない?** ……………………… 32
みんなが好き勝手なことをしたら…
ゲタ箱ですれちがったけど…
エサやるのめんどうだから…
窓ガラスをわっちゃったけど…
人の物を勝手に使ったら…
人の意見を聞かなかったら…

**こんなときどうする?** ……………………… 38
いじめを見たら…

**してはいけない!** …………………………… 39
いじめをなくす方法を考えてみよう

ルル子先生

# パート1 友だちのルール

アナタにとって「友だち」ってどんな子？
いつもいっしょに遊ぶ子？
こまったときに悩みを相談できる子？
ケンカをしても次の日には笑って仲直りできる子？
友だちとつきあうときも、ルールってあるのかな？
4年1組のみんなの毎日を見ながら、
友だちのルールについて考えてみましょう！

パート1 友だち　ルール1

# こんなことしてない？
## 約束してたけど…

リクといっしょに行こうって約束してたけど、先に行っちゃった〜。

エヘヘ〜

タクミくん

**リクくんはどう思ったかな？**

いっしょに行くって約束してたのに…。タクミのやつ、ひどいよ！

リクくん

怒らせちゃった。悪いことしちゃったな。

タクミくん

### ルル子先生に聞いてみよう

## 信用を裏切るな

約束をやぶられると、相手の人は、自分はたいせつに思われていないんだなと感じるの。相手を傷つけてしまうから、約束したからにはきちんと守りなさい。つごうが悪くなったり、約束を守れなくなったときは、相手に相談すること。約束というのは、おたがいに信用しているからできることなのだから。もしやぶってしまったときは、許してもらえるまで、とにかくあやまろうね。

ごめん　もう1回行くからゆるして

ゆるす

**ルール1　約束を守る**

ルール 2　パート1　友だち

# こんなときどうする？
## ダメっていわなくちゃ…

落とし物をひろって自分の物にするのは、いけないこと。でも、友だちだし、どうしよう…。

アヤノちゃん

**まわりの子はどう思ったかな ❓**

友だちにダメっていいにくいけど、悪いことは悪いんだから、ダメっていおうよ。

ミウちゃん

でも、いい子ぶってるって思われたくないし…。

アヤノちゃん

### ルル子先生に聞いてみよう

### 友だちならいってあげよう

ダメといわないことは、友情ではないの。ちゃんと悪いことは悪いといってあげようね。見て見ぬふりは、アナタも同じことをしているのと同じ。だいじょうぶ、本当の友だちなら、アナタの気持ちが通じるはずだよ。

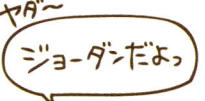

| ルール 2 | 友だちにも悪いことは悪いという |

パート1 友だち　ルール3

# ありがとうっててれるよ

あっ、ありがとうっていわなかったかも。でも、たのんだわけじゃないから、いいかな…。

リクくん

**アヤノちゃんはどう思ったかな？**

かわりに当番をしてあげたんだから、「ありがとう」っていってくれたらうれしいのに。

アヤノちゃん

ありがとうって、ちゃんといわなきゃダメ？

リクくん

### ルル子先生に聞いてみよう

### 気持ちをことばにしよう

どんなに心の中で感謝していても、その気持ちをことばにしないと相手には伝わらないの。だれだって、「ありがとう」といわれたらうれしいでしょ。相手がアナタのために何かしてくれたときは、お礼をいわなくちゃね。

**ルール3　何かしてもらったらお礼をいう**

7

ルール 4　　パート 1　友だち

# こんなことしてない？
## こんど返せばいいよね

ちゃんと返すつもりだしー、少しぐらい遅くなってもいいじゃん。

ヒヨリちゃん

**ユウトくんはどう思ったかな？**

あの本、お気に入りだから早く返してほしいんだけど。「返して」っていったら、ボクがケチみたいでヤダな〜。

ユウトくん

あっ、そんなに返してほしかったんだ！いってよ〜！

ヒヨリちゃん

 ルル子先生に聞いてみよう

### だらしない人にならないで

いつも物を借りっぱなしだと、みんなからだらしない人と思われて、信用されなくなってしまうよ。もし、友だちがアナタのたいせつな物を返してくれないときは、「返してくれない？」といっていいの。返すのが遅くなってしまったときは、「遅くなってごめんね」とひとことあやまって、すぐに返そうね。

| ルール 4 | 借りた物はなるべく早く返す |

パート1 友だち　　ルール5

## ジュース代ぐらいなら…

ジュース代ぐらい、借りてもいいよね。返すつもりなんだし。

ミウちゃん

**ユウトくんはどう思ったかな❓**

お金の貸し借りはしちゃいけないって、お母さんにいわれてるから…。

ユウトくん

え～っ、ジュース代とかなら貸しちゃうよ。なんでダメなの？

ミウちゃん

### ルル子先生に聞いてみよう

### お金の貸し借りはトラブルのもと

「100円ぐらいなら、いいんじゃない？」って思うよね。でも、借りたことをちゃんと覚えていて、すぐに返せるかな？ こんど返そうと思っているうちにわすれていない？ お金は使っちゃうと消えてしまうから、わすれちゃうことも多いの。おとなだって、お金の貸し借りはめったにしないのよ。おこづかいをもらっている身分のみんなは、ぜったい禁止！ ねだるのも禁止よ！

### ルール5　お金の貸し借りをしない

# ルール 6-9 パート1 友だち

いろんな星人がいるよ。見てみよう。

## こんなこと

ルール 6-9　　パート1 友だち

# アナタたちもこんな

## 1 「しつこい星人」は、いやがられる

「しつこい星人J（ジェー）」くんに。50メートル走で1番になるのは、うれしいよね。でも、人に自慢するのは1回だけにしよう。毎日自慢ばかりしていたら、「またかよ～。しつこい！」って、いやがられちゃうよ。

「しつこい星人O（オー）」くんに。頭にきているのはわかるけど、相手があやまっていたら、許してあげよう。いつまでも怒っていると、「あやまっているのに、許してくれないやつ」って、いやがられちゃうよ。

「しつこい星人W（ダブリュー）」くんに。軽いノリで遊んでいるのはわかるけど、相手がいやがることをしてはダメ！「やめて！」っていわれたら、すぐやめなさい。自分がいやなことをされたら、アナタもいやでしょ？あんまりしつこいと、みんなから「いやなやつ」といわれて、きらわれちゃうよ。

| ルール 6 | しつこくしない |

## 2 「からかい星人」は、きらわれる

友だちのからだの特ちょうをからかっている「からかい星人」は、とってもいじわるな顔になっているよ。軽い気持ちでいったとしても、相手はすごく気にしたり、悩んでいることだってあるからね。人を傷つけて気づかない子は、みんなにきらわれちゃうよ。

| ルール 7 | からだや顔の特ちょうをからかわない |

# ほかにもいるね、こんな星人

### いじいじ星人
いじけてばかり
いないかな？

### だってだって星人
いいわけばっかりして
いないかな？

12

パート1 友だち　ルール6-9

# 星人になっていないかな？

### ３　「こそこそ星人」は、信用されない

こそこそ、人の悪口をいったり、うわさ話をしている「こそこそ星人」。初めはおもしろがっていろんな子が話を聞いてくれるかもしれない。だけど、けっきょく最後には相手にされなくなるの。だって、次は自分の悪口をいうかもしれない子と友だちにはなれないでしょ。こそこそ悪口ばっかりいっていると、だれからも信用されなくなるのよ。

**ルール8　かげで人の悪口をいわない**

### ４　「聞いて聞いて星人」は、うんざりされる

とにかく自分が話したくてしかたがない「聞いて聞いて星人」は、人の話のとちゅうでも平気でわりこんで話し始めるこまった子。自分が話しているのに、さえぎって話をされたらアナタはどう思う？自分がされていやなことは相手にもしてはダメ。会話は、いろんな人が話して楽しむもの。ひとりだけが話し続けたら、まわりのみんなはうんざりしちゃうよ。

**ルール9　人の話をさえぎって自分の話をしない**

### べらべら星人

友だちのひみつをべらべらしゃべっていないかな？

### 知らんぷり星人

関係ないからって、知らん顔していないかな？

ルール 10　パート1 友だち

# こんなことしてない？
## 今さらいえないよ

ヤダ〜、わたしがまちがってたみたい。でも、みとめたくない〜！

ミウちゃん

**アヤノちゃんはどう思ったかな？**

ひとこと、「ごめん、まちがえちゃった」っていってくれればいいのに〜。いじっぱりなんだから〜！

アヤノちゃん

ああ〜バレてるっ！でもかっこわるいからあやまりたくないなぁ…。

ミウちゃん

**ルル子先生に聞いてみよう**

### あやまることはかっこわるくない

まちがいはまちがいとみとめなさい。まちがいをしない人なんていないからね。たいせつなことは、まちがいに気づいたときにどうするかなの。いつまでもいじをはっているほうが、かっこわるいね。自分のまちがいをみとめてすぐにあやまること。すなおに「ごめん」っていったら、友だちも許してくれるよ。

| ルール 10 | まちがいに気づいたらすぐにあやまる |

パート1 友だち ルール11

## 人のせいにしちゃった

ユウトが押したのは本当のことだし…。ふたりでふざけてたっていってないだけで、うそはついてないよ。

タクミくん

**ユウトくんはどう思ったかな❓**

ひどいよタクミ。ボクのせいだとうそつくなんて。

ユウトくん

だって、理科室でふざけてたっていったら、ふたりとも怒られちゃうよ。

タクミくん

### ルル子先生に聞いてみよう

### うそをつくと信じてもらえなくなる

自分が怒られないために、友だちのせいにするなんて、ひきょうなことはやめなさい。友だちは傷つくし、アナタはもう友だちから信じてもらえなくなるわよ。「オオカミ少年」のお話は知っているでしょ？ うそをついてばかりいるとだれからも信じてもらえなくなって、本当のことをいってもちゃんと聞いてもらえなくなるのよ。たいていの失敗は、うそをつかず、正直に告白すれば、許してもらえるものよ。

| ルール 11 | うそをつかない |

ルール 12　パート1　友だち

# こんなことしてない？
## 仲間だけで帰りたいから…

ほかの子がいると、ノリが悪くなっちゃうから、会話に入れたくないんだよなぁ。

タクミくん

### ことわられた子はどう思ったかな？

何アレ！カンジ悪いっ！タクミくんてサイテー！

ことわられた子

あちゃ～っ、きらわれちゃったみたい…。ちょっとヘコむなぁ～。

タクミくん

### ルル子先生に聞いてみよう

**仲間はずれはいじめと同じ！**

いつも同じメンバーでグループを作って、ほかの子を入れない。そうやって仲間はずれにするのは、いじめと同じこと！ 無料通話アプリで友だちをグループからはずすのも同じこと。仲間はずれをしないで、いろんな子と仲よくしなさい。

**ルール 12　仲間はずれをしない**

パート1 友だち　ルール13

# いたずらしただけなんだけど…

ユウトくんはどう思ったかな❓

たいせつな消しゴムが、なくなっちゃった…。
ユウトくん

ちょっといたずらしただけなんだけどなぁ～。
タクミくん

### ルル子先生に聞いてみよう

## 相手の気持ちを考えよう

遊びのつもりで、友だちにいたずらすることってあるよね。いたずらする人は楽しいけど、いたずらされた人は悲しんだり、傷ついたりすることだってあるの。もし、自分が同じことをされたら、どう思うかな？自分がされたらいやなことは、友だちにもしちゃいけない。

**ルール13　自分がされたらいやなことは人にもしない**

ルール 14　パート1 友だち

# こんなことしてない？
## 子どもだけで入ってみたら…

どうしよう…。へんな人に声かけられちゃった。こわいよー！

ミウちゃん

**ヒヨリちゃんはどう思ったかな？**

 ルル子先生に聞いてみよう

### 子どもだけで遊びに行かないで！

ゲームセンターで遊んだり、カラオケで歌ったりしたいときもあるよね。でも、そういう場所は、いろんな人が集まるところなの。知らない人から声をかけられたり、悪い人からお金を要求されたりすることだってあるかもしれない。行きたいときは、子どもだけでなく、おとなの人といっしょに行きなさい。

**ルール 14　子どもだけでゲームセンターやカラオケに行かない**

18

パート1 友だち　ルール **15**

# 顔見ていうの、はずかしいから…

アヤノちゃんはリクくんのこと好きなのに、直接「おめでとう」っていわないの?

ミウちゃん

**リクくんはどう思ったかな？**

メッセージがたくさんきてうれしいけど、アヤノちゃんもメッセージかぁ…。

リクくん

だって、顔見ていうのって、はずかしいよ…。

アヤノちゃん

### ルル子先生に聞いてみよう

## 顔を見て話すから気持ちが伝わる

メールやSNSって便利だよね。いつでも、どこにいても、メッセージを送れるから。だから、ついつい頼ってしまうことが多くなるね。でもメールやSNSでは、アナタの表情や声の調子が相手はわからない。たいせつなことはメッセージではなく、相手の顔を見ていうと、気持ちが伝わるよ。

| ルール 15 | **たいせつなことは直接いう** |

## パート2
## SNS・メール・インターネットのルール

アナタはケータイやスマホを持っているかな？
SNSやメールを使って友だちとやりとりしている？
とても便利だけれど、じつは気をつけないといけないことがたくさんあります。
みんなでSNS・メール・インターネットのルールを考えてみましょう！

※SNSとは、ソーシャル・ネットワーキング・サービスの略です。コミュニケーションを電子化するサービスのことで、FacebookやTwitter、LINEのSNS機能などが知られています。

パート2 SNS・メール・インターネット　ルール16

# こんなときどうする？
## チェーンメールが届いたら…

だって「3時間以内に10人にまわさないと不幸になる」って書いてあったんだもん！どうすればよかったんだろう…。

リクくん

**みんなはどう思ったかな❓**

チェーンメールなんて、だれかがとめればいいんだよ。

ユウトくん

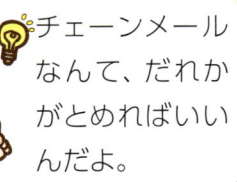

リクくんからのメールだから、すぐ開いちゃった！こわいからまわしちゃえ〜。

アヤノちゃん

### ルル子先生に聞いてみよう

### チェーンメールにふりまわされるな

「10人にまわして」などと書いてあるチェーンメールは、そのメールにたくさんの人がふりまわされるようすを楽しみたいと思って作られた迷惑メールなの。もし「転送したかどうかわかる」と書いてあっても、おどかすためのうそだから、こんなメールが届いたらすぐに削除！いわれたとおりに転送しなくても、不幸になったりのろわれたりすることはぜったいにないからね。

| ルール 16 | チェーンメールが届いても友だちにまわさない |

**クイズ** パート2 SNS・メール・インターネット

# メール・メッセージ ○×クイズ

### 第1問
友だちからとってもおもしろい話がメッセージで送られてきたから、自分のSNSにのせようと思うんだ。
**○と×どっち？**

たくさんの人に見てもらったほうが、友だちもよろこぶんじゃない？ボクは○だと思う。

### 第2問
直接話している感じにしたいから、ふだん話すようなノリで、メールを書くようにしているよ。
**○と×どっち？**

友だちだし、楽しいほうがいいもの。わたしは○だと思う。

オッケー

### 第3問
さっき友だちにメールを送ったのに、返事が返ってこない。いそがしいのかな？もう少し待ってみよう。
**○と×どっち？**

わたしは×ね。すぐに返事がこないと気になっちゃう！もう一度送ってみたほうがいいんじゃないかな～？

### 第4問
夜中に目がさめてテレビをつけたら、好きなアイドルが出ていた。うれしかったので、すぐに友だちにメッセージを送ったよ。
**○と×どっち？**

友だちはもう寝てるんじゃない？ボクは×だと思う。今すぐ伝えたいのはわかるけど…。

**答えは次のページだよ**

パート2 SNS・メール・インターネット　ルール 17-20

# さぁ、答えを確認しましょう

**第1問の正解は** ✕

だれからのメールやメッセージでも、ほかの人には見せちゃダメ。手紙と同じで、自分だけに届いた「私信」だからね。相手はアナタだけが読むと思ってメールを書いているの。もしSNSにのせたい場合は、かならず本人に確認してからにしましょうね。

> ルール17　もらったメール・メッセージを勝手にほかの人に見せない

たしかに自分の送ったメッセージがほかの人に見られてたらヤダな〜。

**第2問の正解は** ✕

メールやメッセージでは表情や声の調子が伝わらないよね。いつものノリで書いたら相手が傷つくことがあるかもしれない。ジョークでも文字にすると、きついことばになってしまうこともあるでしょ。送る前にかならず相手の立場になって読み直してね。

> ルール18　メール・メッセージは受け取る相手の気持ちを考えて書く

そっか。文字にするとカチンとくることばもあるもんね。

**第3問の正解は** ○

アナタが友だちにメールやメッセージを送ったとき、その友だちはお風呂に入っていたり映画館にいたりするかもしれない。すぐに返事がほしくても、もう少し待ってみて。相手にもつごうがあって、すぐに返事ができないときもあるからね。返事がこないからって、しつこく何度もメールやメッセージを送るのはやめましょう。

> ルール19　メール・メッセージは、相手のつごうも考えて、すぐに返事をもとめない

そうなんだ〜。こっちがヒマでも、相手はいそがしいときもあるってことか〜。

**第4問の正解は** ✕

ケータイやスマホは身のまわりに置いてあることが多いから、寝ているときに鳴ったら、相手を起こしてしまうこともあるね。深夜や早朝にメールやメッセージを送ったり、電話したりするのはダメ。

> ルール20　深夜や早朝にメール・メッセージ、電話をしない

そうだよね！マナーモードにしていても振動で起きちゃうもんね。

ルール 21　パート2 SNS・メール・インターネット

# こんなメール書いてない?

マオちゃんは、学校の図書室のホームページにある質問コーナーあてに、メールを送りました。
でも、よくないところがたくさんあるみたいだね。

本をふやしてほしい気持ちは伝わるけど…。

「木になった」？漢字がまちがってるよ〜。

### 【悪い例】

差出人　：maomao@lmn.op
送信日時：2016年10月7日(金)17:35
あて先　：図書室質問コーナー
件名　　：(なし)

きのう図書室に行ったんだけど、わたしの好きなミステリーが少ないのが木になったよ。《´Д`》
もっといろんなミステリーがあればきっとたくさんの人が図書室に行くのに！　わたしの友だちもミステリーファンだし〜！《^ ^》
ミステリー買ってくれる予定ってあるのかなー？
教えて！

**よくない点 ①　件名(タイトル)がない**

件名(タイトル)がないと、いたずらメールだと思われて、内容が確認されないまま、すてられることが多くなるの。「初めまして」という件名もわかりにくいから、やめたほうがいいね。メールの内容がわかるような件名にしましょう。

**よくない点 ②　自己紹介をしていない**

初めての人にメールを出すときは、きちんと自己紹介をしましょう。いきなり用件を書き始めるのはとても失礼なことなの。メールを送った理由も説明したほうがいいね。

**よくない点 ③　打ちまちがいがある**

メールを送る前に、まちがいがないかかならず読み返して確認してね。とくに漢字の変換ミスや打ちまちがいには気をつけて！

**よくない点 ④　友だちにあてたような文章である**

メールを送る相手によって文章を考えないとダメ。初めて送る相手や年上の人に、いきなりくだけたことばや、顔文字を使うのは失礼よ！　とくに、何かをお願いするときにはていねいに！

### 【よい例】

差出人　：maomao@lmn.op
送信日時：2016年10月7日(金)17:35
あて先　：図書室質問コーナー
件名　　：図書室のミステリーについて

初めまして。
わたしは4年1組の小川マオといいます。きのう図書室に行って気になったことがあったのでメールしました。

今の図書室にはミステリーが少ないと感じています。まわりの友だちも「もっとミステリーをふやしてほしい」といっていました。

今後、ミステリーをふやす予定はありますか？　もし新しい本を買う予定があれば、ぜひミステリーもふやしてほしいと思います。

よろしくお願いします。

小川マオ

---

**ルール 21　よその人にメール・メッセージを送るときは、ていねいにきちんと書く**

パート2 SNS・メール・インターネット　ルール22

# こんなことしてない？
## つい頭にきて…

SNSはかんたんに書きこめるから、ついいきおいで書いちゃったんだ…。

タクミくん

ユウトくんはどう思ったかな❓

ボクの悪口をSNSに書くなんてヒドイ！

ユウトくん

みんなにいったつもりはなかったんだけどな…。

タクミくん

### ルル子先生に聞いてみよう

### インターネットはみんなが見る

インターネットは、世界中のだれでも見ることができるということをわすれちゃダメ。SNSに書きこむということは、世界中にその内容を公開するのと同じこと。人を傷つけたり、いやな気持ちにさせる文章じゃないか、SNSやブログに書く前に確認しなさい。

もうしません！

**ルール22　人の悪口をインターネット上に書かない**

パート3

# 学校のルール

「学校」ってどんなところ？
いっしょに勉強したり、おしゃべりしたり、
ドッジボールをしたり。
学校では友だちやクラスの子と、
集団(しゅうだん)で行動することがたくさんあるよね。
こんどは、学校のルールについて考えてみましょう！

パート3 学校　ルール23

# こんなときどうする？
## オレだってサッカー見たいけど…

サッカーすごく見たいっ！でも、仕事を終わらせるまではがまんがまん。オレは応援団なんだから。

リクくん

アヤノちゃんはどう思ったかな？

リクくん、やっぱりステキ！あんなに好きなサッカーをがまんするなんて！ますますメロメロだよ！

アヤノちゃん

いやあー、てれるなぁ。やっぱクラス代表だからさ。

リクくん

### ルル子先生に聞いてみよう

### がんばっているすがたってかっこいい

学校では、いろいろな役割があるよね。係や委員会、クラブ活動の代表や応援団、アナタも何か仕事を持っているでしょ。初めは楽しくても、だんだんめんどうでやりたくないことも出てくるかもしれないね。でも自分の仕事には、きちんと最後まで責任を持とう。それってすごくかっこいいことだよ！

### ルール23　自分の仕事には責任を持つ

ルール 24　パート 3　学校

# こんなときどうする？
## きっとみんなが持ってくるから…

ほかの子はみんな持ってくると思ったんだけど…。まさか、これしか集まらないなんて。

予想がはずれたなー

ユウトくん

**リクくんはどう思ったかな？**

ひで〜っ、これしか持ってきてくれないなんて。オレだけ一生懸命になって、バカみたいだぜ…。

リクくん

ごめん、人まかせになってた〜。明日持ってくるよ！

ユウトくん

### ルル子先生に聞いてみよう

### 人まかせにしないで！

クラスの一員なんだから、人ごとだと思わないこと。ほかのだれかがすればいいとみんなが思っていたら、クラスは成り立たない。アナタが係のとき、だれも協力してくれなかったら、どう思う？　みんなで積極的に協力しようね。

| ルール 24 | **クラスに協力する** |

パート 3　学校　ルール 25

## 小さい子って苦手

え〜っ、どうしたらいいかわかんないよ！ヤダ、あの子こっち見てる。知らんぷりしちゃおう。

ミウちゃん

**2年生の子はどう思ったかな？**

2年生の子

あのお姉ちゃん、組んでくれないかなあ。声かけてくれないかなぁ…。

ミウちゃん

やっぱり知らんぷりはダメ。よしっ、がんばれ、わたし！

 ルル子先生に聞いてみよう

### アナタたちもむかしは小さかったよね

小さい子と話すときは、むかしの自分を思い出してみましょう。どんなことを考えて、どんなことをしてほしかったかな？相手の気持ちになって考えてみよう。アナタたちも、今まで年上のお兄さんやお姉さんにいろいろとお世話してもらったことがあるでしょう。だから、こんどはアナタたちがしてあげる番ね！

**ルール 25　下級生のめんどうをみる**

ルール 26　パート 3　学校

# こんなときどうする？
## 知らない子だけど…

ドッジボールはしたいけど、泣いてる子をほっとけない。話したことない子だけど、声をかけてみたの。

アヤノちゃん

**リクくんはどう思ったかな？**

せっかくの休み時間なのに。アヤノちゃんって、やさしいな。

リクくん

わたしもまよったけど、やっぱりほっとけないから。

アヤノちゃん

### ルル子先生に聞いてみよう

### 「情けは人のためならず」っていうでしょ

こまっている人がいたら助ける。これはあたりまえのこと。自分がこまったとき、だれも助けてくれない世の中なんていやでしょ？だから、アナタたちもこまっている友だちやこまっていそうな子がいたら助けてあげてね。まず、どうしたのか声をかけてみましょう。そして、アナタのできることをしてあげればいいからね。

**ルール 26　友だちだけでなく、みんなに親切にする**

パート3 学校　ルール 27

# もしこんなことをしたら…
## 返却日はすぎたけど…

いつか返すっていってるじゃん。少しぐらい期限をすぎても問題ないでしょ。本はたくさんあるんだし。

ヒヨリちゃん

**ミウちゃんはどう思ったかな？**

返す返すって口ばっかり〜。読みたくて、待ってる人がいるのにどうすんのよー！

ミウちゃん

わたしが返さないと読めない人がいるんだね。

ヒヨリちゃん

 ルル子先生に聞いてみよう

### 図書室はみんなの本だな

図書室の本は、「借りている本」だということをわすれないでね。ここにある本は、アナタの物ではなく、学校の物なの。そして、アナタの借りている本を読みたいと思って待っている子がいるかもしれない。ほかの子とその本との出会いのチャンスを、アナタがうばってはいけません。

**ルール 27　図書室の本の返却日を守る**

31

ルール 28　パート3　学校

みんなが好き勝手なことをしたら…

# こんなこと

パート3 学校　ルール28

# してない？

▶ 何がいけないか、解説は次のページだよ

ルール 28　パート 3　学校

# さあ、何がいけないかわかったかな？

## みんなで使う場所はきれいに使う

みんなで使う手洗い場やトイレなどは、あとの人も気持ちよく使えるように、きれいにしておきましょう。よごしてしまったら、きちんとそうじをしなさい。自分が使うときにビショビショだったら、気分が悪いでしょ？教室やろうか、ロッカーだって同じこと。

## 学校の物にらくがきをしない

学校のつくえやかべに自分の名前を書いたり絵を描いたりしていない？学校の物は、これから先もいろんな子が使うの。きれいなまま、下級生にひきついだほうが、かっこいいでしょ？みんなの物に、らくがきなんかしちゃダメ！

## ろうかでさわがない

ろうかはたくさんの人が使う通路だから、みんなのじゃまになることをしちゃダメ！せまいろうかであばれたら、歩く人とぶつかったりしてとっても危険。学校のろうかも外の道路と同じ。さわがず、てきぱき歩くこと！

## 通学路でも、道を占領しない

たとえ通学路であっても、道を占領してはいけません。横いっぱいに広がっておしゃべりしながら歩いていたら、すれちがう人を通せんぼしたり、追いこしたい人が追いこせなかったりするの。ほかの人の迷惑になるようなことはしないこと。

## 遅刻をしない

学校はみんなで集まって勉強したり、遊んだりするところ。だからみんなが時間を守らないと成り立たないの。時間を守ることは、集団生活の中でいちばんきほんのルールなの。自分やまわりのみんなの時間をむだにしないよう、決められた時間は守りましょう。

## 必要のない物は持っていかない

おかしやおもちゃ、マンガやゲームなど、必要のない物は学校に持っていかない。もしみんなが、好きな物を勝手に持ってきたら、どうなるか考えてみて。授業に集中できなくなったり、貸し借りのトラブルが起きるかもしれないね。どうしても持っていく必要があるときは、先生に相談しましょう。

## ルール 28　きまりを守る

パート3 学校　ルール 29-30

# こんなことしてない？

## ゲタ箱ですれちがったけど…

## エサやるのめんどうだから…

**あいさつした子はどう思ったかな？**

おはようっていったのに、だまってるなんてカンジ悪いなぁ～。

**ルル子先生に聞いてみよう**

### アナタたちは学校の一員

学校の中でほかの子に会ったら、元気にあいさつしましょう。アナタたちは同じ学校の仲間どうしでしょ？ お客さんに会ったときも、きちんとあいさつすること。そうしたらお客さんも、「こんにちは」って笑顔で返してくれるはずよ。ただし、来校者カードをつけていないあやしい人を見かけたら、すぐに先生に報告してね。

**ルール 29　元気にあいさつする**

**ウサギはどう思ったかな？**

ごはんの時間とっくにすぎてるよー。おなかへったよ～。

**ルル子先生に聞いてみよう**

### 責任を持って世話をしなさい

生き物を育てるときは、きちんと責任を持って世話をしなさい！ エサや水をあげないで死なせてしまうことは、アナタが手をくだして殺すことと同じ。たとえアナタがその生き物を苦手だと思ったり、めんどうくさいと思っても、係になったら全力で世話をしなさい。

**ルール 30　生き物をたいせつにする**

ルール **31-32**　パート **3** 学校

# こんなことしてない？

## 窓ガラスをわっちゃったけど…

## 人の物を勝手に使ったら…

**タクミくんはどう思ったかな？**

先生にいったら、怒られるだろうな。目立たない場所だし、だまってよ〜。

### ルル子先生に聞いてみよう

#### みんなに迷惑をかけないで

学校の物がこわれていたら、みんながこまっちゃうよ。ガラスもわれたままだとあぶないでしょ。先生に報告して直してもらわなきゃダメ。どうせ、いつかはこわしたことがばれるもの。勇気を出してすぐにあやまりに行きましょう。

| ルール **31** | 学校の物をこわしたら先生に報告する |

**ユウトくんはどう思ったかな？**

ひどいよ、勝手にボクのコンパス使うなんて。なくしたかと思ったじゃん！

### ルル子先生に聞いてみよう

#### 勝手に使うのはどろぼうと同じ

物を借りるときに「貸して」ってお願いするのはあたりまえのこと！「貸して」っていわないで使ったら、とったと思われてもしかたないわね。人の物を借りたり見たりするときは、ひとことことわって許可をとりましょう。

| ルール **32** | 人の物を勝手に使わない |

パート 3　学校　　ルール 33

## 人の意見を聞かなかったら…

**みんなはどう思ったかな❓**

話し合って決めたいから、人の意見も聞いてほしいのに…。
アヤノちゃん

オレだっていやだけど、タクミみたいに女子に押しつけるのはダメだよ。
リクくん

### ルル子先生に聞いてみよう

### わがままでいやな人間にならないで

苦手なことはしたくないよね。でも学校では、みんなが気持ちよくすごせるように、公平に役割を分担しなければならないの。それに、話し合いで自分の意見をいうだけで、人の意見に聞く耳を持たなかったら、わがままで自分勝手って思われちゃうよ。

**ルール 33　人の意見や考え方もそんちょうする**

ルール 34　パート 3　学校

# こんなときどうする？
## いじめを見たら…

ヒロトはグズだから、ムカつくんだよ。みんなも笑ってたし、からかっただけさ…。

ショウタくん

**ヒロトくんはどう思ったかな？**

ショウタくんは、いつもボクがいやがることをするんだ…。でも今日は女子がみかたしてくれたよ！

ヒロトくん

ヒロトくんがかわいそうだから、勇気を出して注意したの！

女子

### ルル子先生に聞いてみよう

### 笑って見ているのはいじめているのと同じ！

自分は関係ないって笑っている子は、ショウタくんの仲間に見えるのよ。ショウタくんも、笑っている子を見て安心して、またヒロトくんをいじめるかもしれない。もしも、ショウタくんみたいな強気な子に「やめなよ」っていえないときは、友だちと相談して何人かで注意するといいね。みかたがいることがわかって、ヒロトくんも「やめて」っていえるかもしれない。

**ルール 34　いじめを見たり、されたりしたら、勇気を出してやめてという**

パート 3 学校　ルール 35

# してはいけない！

## ルール 35　ぜったいにいじめをしない

### いじめをなくす方法を考えてみよう

いじめはなかなかなくならない。どうしてだと思う？ いじめていないふり、いじめられていないふり、いじめを見ていないふり。ひとりひとりのこんな「ふり」が、いじめをどんどんひどくしてしまうの。

もし自分がいじめられたら、まずは「やめて」と相手にいいなさい。まわりの人にも聞こえるように、なるべく大きな声を出して。なかなか勇気が出ないだろうけど、がんばってほしい。アナタの一声がいじめをやめさせるきっかけになるから。それでもいじめが続くようなら、話しやすいおとなに相談すること。ぜったいに、自分ひとりで悩んでいてはいけない！

アナタがいじめてしまうこともあるかもしれない。相手が「やめてよ」といってもやめなかったら、それはもういじめだよ。相手がムカつく子で、やっつけると胸がスッとするのかもしれない。でも、もしその子がアナタより強くても、アナタはいじめるかな？ 自分より弱い子だからいじめているのでしょう？ そんなのひきょうだと思う。いじめで自分の「ストレスを解消する」なんて、されるほうの気持ちを考えてごらん。自分の心のモヤモヤは、人にあたるんじゃなくて、自分で整理して乗りこえていこうよ。モヤモヤやイライラがひどいときは、信頼できる友だちやおとなに相談すること。

そして、いじめを見たら、知らんぷりをしないこと。男子のことでも、女子のことでも関係ない。クラスのことなんだから、アナタは無関係ではない。アナタたちが勇気を出して「やめなよ」っていうだけで、もしかしたらいじめがおさまるかもしれない。クラスのふんいきって、ちょっとしたことですぐに変わるでしょう？

いじめは、先生やおとなから見えないところで起こるものなの。いじめがあるってことを、アナタたちが、学級会などでみんなの前に出そうよ。いじめが悪いことだっていうのはみんなわかっているから、たいていおさまる。本気で考えて、本音で話し合えば、きっと何かいい方法が見つかるはず。

### これだけは聞いてほしい

いじめに悩んで、どうしても苦しくて「自殺したい」とまで思ってしまったら、とりあえず逃げなさい。学校に行くのがつらいなら、休んだっていい。転校したっていい。家から一歩も出なくたっていい。とにかく、死んではいけない。

## おわりに

### 友だち・学校のルールわかったかな？

　自分がされたらいやなことは、だれに対してもしない。それが、友だちづきあいのきほんです。でも、うそをついたことや、約束をやぶったことが一度もない人なんていないでしょう？　そういうことがあっても、ケンカ別れしないのが「友だち」です。いつも気をつかって仲よくしているから、「いい友だち」とはかぎりません。いい友だちとは、「安心してケンカできる友だち」のことです。そして、「あいつだけは裏切りたくない」と思う友だちができたら、それは親友です。一生の宝物ですね。

　学校もクラスも、いろんな人が集団生活を送る小さな社会です。そこでは、みんなが気持ちよくくらすために、ルールが必要です。でもたいせつなのは、どうしてそのルールができたのかという理由です。そこをよく考えて、なっとくできないことは、みんなで話し合いましょう。みんなで話し合った結果なら、学校のきまりだって変えることができるかもしれません。社会のきほんは、「ひとりはみんなのために、みんなはひとりのために」です。だれかがつらい思いをしていたら、みんなが力になりましょう。そんな社会っていいですよね。

10歳からのルールを考える会

---

### 新・10歳からのルール100
#### ①友だち・学校のルール

2016年10月20日　初版第1刷発行
2023年 4月17日　　　　第3刷発行

編集　　　10歳からのルールを考える会
編集協力　志村裕加子(足立区立千寿常東小学校教諭)
制作　　　株式会社　凱風企画
制作協力　八木彩香(フリーライター)
イラスト　さとうゆり

発行者　西村保彦
発行所　鈴木出版株式会社
　　　　〒101-0051　東京都千代田区神田神保町2-3-1 岩波書店アネックスビル5F
　　　　電話　03-6272-8001
　　　　FAX　03-6272-8016
　　　　振替　00110-0-34090
　　　　ホームページ　http://www.suzuki-syuppan.co.jp/
印刷　　株式会社ウイル・コーポレーション

©Suzuki Publishing Co., Ltd. 2016
ISBN978-4-7902-3319-0　C8037
Published by Suzuki Publishing Co.,Ltd.
Printed in Japan
NDC370/39P/28.3×21.5cm

乱丁・落丁は送料小社負担でお取り替えいたします

## 新・10歳からのルール100
### ①友だち・学校のルール

1 約束を守る
2 友だちにも悪いことは悪いという
3 何かしてもらったらお礼をいう
4 借りた物はなるべく早く返す
5 お金の貸し借りをしない
6 しつこくしない
7 からだや顔の特ちょうをからかわない
8 かげで人の悪口をいわない
9 人の話をさえぎって自分の話をしない
10 まちがいに気づいたらすぐにあやまる
11 うそをつかない
12 仲間はずれをしない
13 自分がされたらいやなことは人にもしない
14 子どもだけでゲームセンターやカラオケに行かない
15 たいせつなことは直接いう
16 チェーンメールが届いても友だちにまわさない
17 もらったメール・メッセージを勝手にほかの人に見せない
18 メール・メッセージは受け取る相手の気持ちを考えて書く
19 メール・メッセージは、相手のつごうも考えて、すぐに返事をもとめない
20 深夜や早朝にメール・メッセージ、電話をしない
21 よその人にメール・メッセージを送るときは、ていねいにきちんと書く
22 人の悪口をインターネット上に書かない
23 自分の仕事には責任を持つ
24 クラスに協力する
25 下級生のめんどうをみる
26 友だちだけでなく、みんなに親切にする
27 図書室の本の返却日を守る
28 きまりを守る
29 元気にあいさつする
30 生き物をたいせつにする
31 学校の物をこわしたら先生に報告する
32 人の物を勝手に使わない
33 人の意見や考え方もそんちょうする
34 いじめを見たり、されたりしたら、勇気を出してやめてという
35 ぜったいにいじめをしない

### 新・10歳からのルール100
**②社会のルール**
ルール36-68がのっています。
**③家族のルール**
ルール69-100がのっています。